Werner Sprenger, Schleichwege zum Ich

Werner Sprenger

Schleichwege zum Ich
Meditationsgedichte

Nie/nie/sagen-Verlag
Konstanz

Lektorat und strukturelle Gestaltung: Joschi Wolfrum

1. Auflage 1979
2. und 3. Auflage 1980
4. Auflage 1981

Copyright ©
Nie/nie/sagen-Verlag, Konstanz
Alle Rechte vorbehalten
Printed in Germany
Herstellung: Fuldaer Verlagsanstalt, Fulda

ISBN 3-921778-07-7

Inhalt

Vorwort   9

Aus mir einen Menschen machen   13

Wie ich mich verlernte   15
Versuchung (Laß Du Dich nicht führen in...)   16
Hätte ich mich schämen sollen?   18
Aus mir einen Menschen machen   20
(Dank an NIETZSCHE)
Unaussprechliche Erinnerung   21
Erinnerung an mich   22
Zurück: hin bis an den Anfang von Leben
und Zeit   24
Zum ersten Mal   27

Ein Ich wird betrachtet   29

Ein Ich wird betrachtet   31
Ich bin mir mein eigenes Versuchskaninchen   32
Die Bilder von mir, die...   33
Der Fremde, der ich mir bin   34
Kennst Du Deine Bekannten auswendig?   35
Scheinbares Wiedersehen   36
Von mir selbst unerkannt   37
Dein Bild von mir   38
Alle die Bilder von mir in fremden Köpfen   39

Glaube nicht den Bildern von Dir	40
Menschenopfer für Bilder	41
Die Augen der anderen (Beispiel B. Th.)	42

Der, der Du auch bist   43

Der stabilste Traum	45
Mehr als alle Bilder von Dir	46
WIR	47
Niemand weiß Dich so wie ich	50
So ist die Liebe	51
Hast Du Deinen Platz gefunden? (B. Th.)	53
Das Leben leben	54
Was mich betrifft	56

Heute wird gestern sein   59

Heute wird gestern sein	61
Hast Du intime Erfahrungen mit Dir?	67
Wunden der Erinnerung	69
War es so?	70
Fleisch der Zeit	71
Wie gegenwärtig ist Dir die Gegenwart?	75
Diese Zukunft wird nie sein	77
Selbst die Vergangenheit war nicht so	78
Wann ist der Mensch am lebendigsten?	79
Wenn Wünsche Wirklichkeit werden	80
Friedhof der Wünsche	81
Ist jetzt jetzt für Dich?	82

**Paß auf,
daß Du nicht auch,
wenn Du einmal stirbst,
gleich zweimal tot bist** 85

Entwürfe für Grabsteintexte 87
Ohne es zu wissen 90
Eine Stunde wird meine letzte sein 91
Der Tod ist mehr 92
Und ein Tag wird der letzte sein 93
Meinst Du es ehrlich mit Deinem Tod? 96
Guten Morgen, Tod 97
Den Blick des Abschieds lernen 98
Wer ist denn frei? 99

**Meide Wissen,
das dem Staunen
im Wege steht** 101

Traue niemandem als Dir selbst 103
Wissen ist nicht gleich Wissen 106
Aus der Begeisterung nicht herauskommen 111
Die gefährlich guten Gelegenheiten,
einem schlechten Menschen zu begegnen 113
Der rettende Weg 115
Wer denkst Du, bist Du? 116
Willst Du Dich kennenlernen? 117
Vom Wollen, Sollen und Habenwollen 120
Mute Dich Dir zu 121

Die Zehn Gebote definieren Dich als einen,
dem nicht zu trauen ist   123
Du sollst töten   125
Gedanken sind Kräfte   126
Das Leben geht weiter   127

Worte sind viel mehr   129

Von der schlimmsten Sprachlosigkeit   131
Sprechendes Schweigen   135
Die Weisheit des Schweigens   136
Worte sind mehr   138
Worte, die Dir einfallen   140
Zum Abschied?   141

In der Nacht vom 17. 4. zum 18. 4. 1973, in der ich dem Tod so nahe war, daß ich nicht hoffen konnte, sie noch zu überleben, quälten mich vor allem diese Fragen: Warst du denn du? — Warst du denn der, der du sein wolltest? Endlich fand ich den Mut, mir diese Fragen zu stellen, und ich mußte mir zugeben: Nein, du warst nicht du. Nein, nur ganz selten warst du der, der du sein wolltest. Und dabei wurde mir klar: wenn du jetzt stirbst, dann stirbst du ja, ohne jemals richtig dein Leben gelebt zu haben, ohne jemals ganz der gewesen zu sein, der du doch sein wolltest und gewiß hättest sein können, wenn du nur noch etwas mehr Mut zu dir selbst gefunden hättest und dich weniger mit den Augen der anderen gesehen hättest und weniger gedacht hättest, was denken die anderen, wenn du alles hinschmeißen und endlich tun würdest, was du doch immer hast tun wollen. Danach habe ich mir versprochen: solltest du diese Nacht überleben, dann wirst du denjenigen verwirklichen, der du wirklich sein möchtest, komme was wolle, nichts soll dich davon abhalten.
Dieses Buch hier, es ist eine Frucht dieser Nacht, eine Frucht, die allerdings langsam reifte. In fünf Jahren lernte ich, daß es ein himmelweiter Unterschied ist zwischen dem Vorsatz, sich zu ändern, und der Fähigkeit dazu. Nein, wohl niemand kann einfach durch Erken-

nen sofort sein ganzes Leben ändern. Das zu lernen, das fiel mir am schwersten. Von dieser Nacht an hatte ich nicht mehr die Entschuldigung des Nichtwissens. Zuerst glaubte ich wirklich, alles sei mit der neuen Einsicht allein getan. Doch nichts war mit der neuen Einsicht getan, im Gegenteil. Mein Leben wurde mit ihr schwerer als vorher. Ich mußte erst begreifen, daß Wissen Verantwortung ist. Ich mußte erst mühsam erfahren, daß neue Einsichten, die wir nicht verwirklichen, sich lebenszerstörend gegen uns wenden.
Denn wer versucht, so wie ich es jahrelang versuchte, mit dem neuen Wissen weiterzuleben, ohne viel zu ändern, aus Gewohnheit und Bequemlichkeit alles beim alten zu lassen, so als wäre nichts geschehen, der wird langsam zerstört von den Widersprüchen und Spannungen zwischen seinem neuen Wissen und jenem alten Leben, das er weiterhin führt, so als wüßte er nicht, was er doch weiß.
Mit diesem neuen Wissen dieser Nacht war alles verändert: die Umwelt, die Menschen um mich herum, die Gesellschaft, ich selbst, meine Gewohnheiten, meine Arbeit. Alles war verändert, aber ich wollte es nicht wahrhaben.
Ich konnte nicht weiterleben so wie bisher, konnte nicht mit der neuen Einsicht im Herzen alles mit dem alten Blick sehen. Das erlebte ich täglich. Aber gleichzeitig versuchte ich doch und immer wieder, mir etwas vorzumachen und meine neue innere Situation zu vergessen.

Du kannst so wenig der werden, der Du einmal warst, so wenig wie eine abgebrannte Kerze sich wieder zurückbrennen kann. Du kannst so wenig ein anderer werden, so wenig wie aus einer Sonnenblume eine Rose oder aus einem Hund eine Katze werden kann. Du kannst so wenig über Dich und Dein Leben mit fremden Gedanken nachdenken, so wenig wie Du durch fremden Mund satt werden kannst.

Du mußt Dich nicht nur mit Dir abfinden, nicht nur Dich Dir zumutem — befreunden mußt Du Dich mit Dir, Dich mit Dir befreunden, Dich achten und lieben wie Deinen Nächsten.
Dieses Buch hier berichtet von dieser Zeit. Warum in Gedichten? wird sich mancher Leser fragen. Darauf kann ich nur antworten: für mich sind Gedichte die dichteste Form der Sprache, die intimste Art der Mitteilung, in der ich mit anderen Menschen teilen möchte, was ich erfahren durfte. Diese Art Mitteilung meine ich: ich möchte Dir mitteilen, weil ich mit Dir ein Stück Lebenserfahrung teilen möchte.
Das heißt aber nicht, daß ich diese Form bewußt gewählt hätte. Jedes dieser Gedichte hier entstand in den fünf Jahren spontan, bis nach und nach die Gestalt des Buches daraus sichtbar wurde. Und sie entstanden immer in Verbindung mit den Konflikten und Problemen, die sich in mir bewegten, während ich versuchte, die neue Einsicht in meinem Leben zu verwirklichen und mich zu ändern.
Und noch eines: ich bitte den Leser, diese Gedichte vor dem Prosaband „Überprüfung eines Abschieds" zu lesen.

AUS MIR EINEN MENSCHEN MACHEN

Wie ich mich verlernte

Sobald ich sprechen lernte,
lernte ich,
das zu verschweigen,
was mich am meisten bewegte,
was mich am tiefsten aussprach.
Und lernte bald sagen,
was ich nicht fühlte.
Und fühlte so oft,
was ich nicht sagte.
Je mehr ich sprechen lernte,
so zu sprechen wie die anderen,
desto mehr verlernte ich mich.
Und je mehr ich mich verlernte,
desto besser hatte ich es,
desto besser verstanden mich die anderen.

Versuchung (Laß Du Dich nicht führen in ...)

I

Jahrelang diese verzweifelten Versuche,
zu werden wie alle,
zu sein, wie alle sind.
In Versuchung,
diese Versuche immer wieder zu versuchen
und immer wieder von neuem zu versuchen,
führten mich jene,
die nur mein Bestes wollten:
„Wir wollen doch nur Dein Bestes!"
Schlecht bekamen mir diese Versuche,
denn ich kam nicht zu mir dabei,
kam mir nicht einmal nahe, und
wäre mir, um ein Haar, verlorengegangen.
(Das Haar in der Suppe war NIETZSCHE.)

II

Kurz und schlecht:
jene, die mein Bestes wollten,
hielten mich zum besten.
Um mich von mir abzulenken,
zeigten sie mir ihre Erfolge vor,
auf die sehr oft weiter nichts erfolgte
als Selbstmorde oder Nervenzusammenbrüche,
die sie auf Überarbeitung zurückführten,
diese Überschlauen, diese Übergewichtigen,
diese Überangepaßten, diese Überarbeiter.

III

Und wenn ich damals ICH sagte,
dann begriff ich kaum,
von wem ich sprach,
wer das war — ICH. Ich?
Ich, der da versuchte,
im Schweiße seines Angesichts,
so wie alle
die Linsensuppe auszulöffeln,
mit schlechtem Appetit,
aber mit guten Manieren.
Zu werden so, wie sie alle?
So zu sein, wie alle sind?
So zu sein: nein!

Hätte ich mich denn schämen sollen?

I

Was ist Scham?
Woher kommt sie?
Wem nützt sie?
Wie funktioniert sie?
Und vor allem:
für wen funktioniert sie?
Von wem lernen wir sie?
Für wen lernen wir sie?

II

Zum Beispiel: ich hatte onaniert,
es wie alle anderen „echten Jungen" ausprobiert,
und bin, wie nicht alle anderen
onanierechten Jungen, erwischt worden.
Ich lag auf dem weichen, gepflegten Rasen des
                                    Schulgartens,
den zu betreten, strenge verboten war.
Aber die Sommernacht war verschwiegen und warm,
und der Himmel ein blaugoldenes Gewölbe
und der rote Geruch von Rosen dazwischen,
bis plötzlich ein wütendes Gesicht auftauchte,
direkt neben dem Viertelmond,
und schrillte, brüllte:
„Hier also steckst Du,
schämst Du Dich nicht!"
Und am nächsten Tag beim Verhör,
als ich mich nicht so recht schämen wollte:
„Nein, es wäre ja alles nicht so schlimm.
Aber schlimm, ganz schlecht ist,
alles was recht ist,
daß Du Dich nicht schämst.
Wo kämen wir denn hin,
wenn alle ..." undsoweiterundimmersoweiter.

Aus mir einen Menschen machen
(Dank an NIETZSCHE)

Jener Mann, der mich zeugte,
jene Frau, die mich zur Welt brachte,
beide hatten ungefähr fünfzehn Jahre Zeit,
aus mir „einen Menschen zu machen":
einen Menschen ihnen gleich.
Und sie waren gute Gleichmacher.
Ungefähr fünfzehn Jahre lang
wollte ich werden wie er,
genau wie er,
und meine Frau sollte sein wie sie,
haargenau wie sie.
Aber dann
an einem langen Sommerferientag
entdeckte ich NIETZSCHE.
Mit ihm fing alles an.
Er zeigte mir eine neue Welt,
eine neue Welt,
die mir die alte zur Hölle machte.

Unaussprechliche Erinnerung

Ich weiß,
genau,
was gewesen ist.
(Du auch?)
Weiß aber nicht mehr,
genau,
wie es gewesen ist damals.
Denn diese Gefühle,
diese Gefühle von damals,
heute wage ich sie nicht mehr:
Ich bin zwanzig.
Trommelfeuer. Die Granaten schlagen um mich ein.
Die Erde bebt stoßweise.
Dieser scharfe, beißende Geruch nach Pulver und
                                              Tod.
Diese blauroten, gelbgrünen Gesichter der Toten.
Eng wie Sardinen liegen sie nebeneinander,
ineinander verkrampft, übereinander.
Und diese unaussprechbaren Mondnächte,
dunkle, hellumrandete Wolken,
die schnell über den Mond hingleiten. —
Viel weiter komme ich nicht,
wenn ich mich erinnere,
erinnernd mir Klarheit über den verschaffen will,
der ich damals war, damals
als ich dies alles erlebte,
am eigenen Leib.

Erinnerung an mich

I

Erinnerungen können aufbrechen wie Geschwüre.
Erinnerungen können ausbrechen wie Krankheiten.
Erinnerungen können wie Sturmfluten
die kunstvollen, bewährten Dämme
der Verdrängung und des Vergessens
durchbrechen und alles überfluten.
Und wie die Überlebenden einer Flutkatastrophe
sitze ich auf einem Inselchen Gegenwart
und warte die Rettung ab.

II

Ja, ich weiß wohl,
daß es diese Erinnerungen gibt,
wenn ich auch nicht genau weiß, wo,
in welchen Zellen meines Gehirns
sie eingespeichert worden sind.
Weiß auch nicht, warum,
weiß nicht einmal
ob für oder gegen mich.

III

Diese Erinnerungen an mich,
die ich anscheinend nicht wissen darf,
nicht erinnern darf,
weil ich sie verdrängt habe,
ALSO verdrängen mußte,
um sicher zu bleiben,
daß ich noch immer genau der bin,
den so viele mit meinem Namen nennen
und wiedererkennen.

IV

Manchmal finde ich den Mut,
diese Erinnerungen anzudenken, wachzudenken.
DENN ich weiß ja,
ich weiß es ja,
daß ich auch der bin,
von dem ich nichts wissen will,
nichts wissen darf,
und der nun gefangen sitzt
im Dunkel meines Unbewußten
und — gleich allen Häftlingen
auf seine Befreiung sinnt,
seinen Ausbruch, seine Rache.

Zurück:
hin bis an den Anfang
von Leben und Zeit

I

Dieses alles durchdringende Staunen,
dieses kaum auszuhaltende Staunen,
das sich bei mir einstellt, manchmal,
wenn ich daran denke,
daß ich ja das letzte Glied bin
jener unendlichen Kausalitätskette,
die festgemacht ist
(von wem festgemacht worden ist?)
an den Anfang des Lebens.

II

Jene unendliche Kausalitätskette,
die zurückreicht, Glied für Glied,
zurückreicht von mir hier und jetzt,
bis dorthin, bis
an den Anfang des Lebens,
an den Anfang der Zeiten
(den Anfang ALLER ZEIT?),
hin, bis zu den zähnefletschenden Affen
(seid gegrüßt, Ihr lieben Verwandten!)
und den fliegenden, vertrauensvollen Fischen
(seid gegrüßt, Ihr behirnten Delphine,
die Ihr intelligenter seid als Euere Dresseure!).

III

Und weiter zurück, noch weiter,
hin, bis zur hirnlosen Lebensenergie
mit ihren blubbernden, orgiastischen Zuckungen,
ihren zufälligen (?) Entwicklungssprüngen,
die uns auf die Sprünge halfen,
Menschen und selbst Götter zu machen
(seid gegrüßt, Ihr heruntergekommenen Götter der
                                      Griechen!).

IV

Und noch weiter zurück,
zurück bis hin zum milliardenfachen Ineinander
von Fressen und Gefressenwerden.
Und manchmal, so wie jetzt,
von den Gipfeln dieser Gedanken hinunter, kopfüber,
sehe ich, Nichtschwimmer, mich fallschnell als Fisch
durch die sieben Weltmeere gleiten.
Dann — eines unschönen Tages
kletterte ausgerechnet dieser Fisch aufs Land
und vom Land auf die Bäume,
wo er ein paar Millionen Jahre affig sitzen blieb
(sitzengelassen vom Fortschritt).

V

Ja, und dann,
vermutlich seinem Hang nach Höherem folgend,
kletterte er für immer hinunter,
gewöhnt sich für immer an den festen Boden
unter den schwieligen Fußsohlen.
Und von hier ab ging es schnell
mit dem Fortschritt auf leisen Sohlen:
Bärenfell-, Büffel-, Leder- und Gummisohlen.
Und dann kam uns der einzige Gott
und dann sein Teufel holen.

Zum ersten Mal

Es war einmal:
einmal war einer,
der war der erste Mensch.
Und einmal sagte einer
zum ersten Male
zum zweiten Menschen: ich!
Und einmal sagte einer:
ich liebe Dich!,
zum ersten Mal: ich liebe Dich!
(Aus welchem Anlaß wohl?)
Und einmal tötete einer,
zum ersten Mal.
Und einmal fragte einer:
Wo bist Du?,
zum ersten Mal,
weil er sich sehnte,
zum ersten Male sehnte
in seiner neuen Einsamkeit.

EIN ICH WIRD BETRACHTET

Ein Ich wird betrachtet

Ich bin ich, ABER
ich bin auch der Zuschauer,
der mich (meist kopfschüttelnd) betrachtet,
und gleichzeitig bin ich es auch wieder,
der den Zuschauer betrachtet,
der mich betrachtet.
Ich, der diesen Zuschauer so lange herausfordernd
                                    betrachtet,
so lange bis er verlegen wegschaut,
errötend im Ich versinkt.
(Es gibt immer ein Mauseloch für ihn.)
Und Du, kennst Du dieses Erlebnis,
dieses merkwürdige Erlebnis,
Du selbst
und gleichzeitig,
gleichzeitig jemand zu sein,
der Du nicht bist?
Denn, wie sonst könntest Du,
Dich betrachtend,
Dir zuschauen?

Ich bin mir mein eigenes Versuchskaninchen

Manchmal, während ich mich selbst beobachte,
als Fremder neben mir stehe und
mein eigenes Versuchskaninchen bin,
neben mir stehe
und mir von weitem zusehe,
wie ich im vergitterten Käfig
einer schwierigen Situation
nicht aus noch ein weiß
und einen elektrischen Schlag (Schicksalsschlag)
nach dem anderen bekomme,
bis nichts mehr da ist,
womit ich mich belügen,
wohinter ich mich verbergen,
womit ich mich trösten könnte, nichts mehr.
In solchen Augenblicken lerne ich,
wie erstaunlich,
wie erstaunlich
die Selbstverständlichkeiten sind,
gerade sie.
Und hilflos fühle ich,
wie ich mir dabei,
eins zwei drei,
in Fleisch und Blut übergehe,
während ich mich neu buchstabiere:
mühsam, Erfahrung für Erfahrung.

Die Bilder von mir, die ...

Diese Mühe,
diese Mühe, mir deutlich zu bleiben,
klar zu sehen,
mich klar zu sehen,
richtig zu sehen,
mich richtig zu sehen.
Oder, doch wenigstens falsch.
Diese Bilder von mir selber,
wie sie ineinander zerfließen
gleich frischen Wasserfarben
zu einer eindeutigen Undeutlichkeit.
Und alle Bilder sind dann da
in diesem neuen Bild.

Der Fremde, der ich mir bin

I

Da ist er, der,
dieser Fremde,
der Fremde, der ich mir bin.
Und da ist wohl auch manchmal der Fremde,
der ich Dir bin?
Und da ist der Fremde,
der allen Fremden so bekannt vorkommt,
so als ob sie ihn schon jahrelang
sehr gut kennen würden.
(Und Du, kennst Du das Gefühl?)

II

Aber am fremdesten
sind mir jene Fremde,
die mir ganz nahe sein sollten,
vielleicht auch nahe sein wollten.
Je länger ich meine Eltern kannte,
desto fremder wurden sie mir.
Und die gewohnheitsmäßige Prostitution
in solchen Sätzen wie:
„Meine lieben Eltern ...
Meine geliebte Mutter ...
Meine liebe Tante ...
Lieber Leser ..."
und immersoweiter in der Verfremdung.

Kennst Du Deine Bekannten auswendig?

Kennst Du Deine Bekannten?
Hast Du viele Bekannte?
Bist Du sehr bekannt mit ihnen?
Gibst Du Bekannten
oder Unbekannten
den Vorzug?
Lernst Du lieber Bekannte
oder Unbekannte neu kennen?
Kennst Du Deine Bekannten auswendig?
Bekennst Du Dich
zu Deinen Bekannten,
wenn sie verleugnet werden
von Deinen anderen Bekannten?
Kennen sich Deine Bekannten untereinander?
Bekennen sie sich untereinander zu Dir?

Scheinbares Wiedersehen

Lächelnd grüßte er mich und so froh
wie einen guten, alten Bekannten.
Ich erkannte ihn nicht wieder.
Ich hielt ihn für jemanden Fremden.
Und wie recht hatte ich damit!
Obgleich ich mich bald erinnerte,
daß wir uns tatsächlich vor zwei Jahren
durch Bekannte kennenlernten
und über Marx diskutierten.
(Damals erzählte ich ihm
von einem, meinem Marx,
von dem er nichts wußte
und niemand zu wissen scheint,
außer mir.)
Und je länger wir miteinander sprachen,
desto fremder wurden wir uns.
Ich werde ihn auch das nächste Mal
nicht wieder erkennen.
Aus Fremden werden keine Bekannten.

Von mir selbst unerkannt

Von mir selbst unerkannt,
bin ich zufrieden über Bekannte,
die mich wiedererkennen,
immer wieder wiedererkennen, jedesmal,
wenn wir uns wiedersehen.
Das tröstet mich, etwas,
das macht mir Mut.
Dann fühle ich mich mir näher
in ihren kleinen begrenzten Sätzen,
prall von zufriedenem Wiedererkennen.
Und einmal, weinte einer sogar,
fiel mir um den Hals,
vor Wiedersehens-, Wiedererkennensfreude,
nach sieben langen Jahren.
Doch ich erschrak,
erkannte mich nicht wieder
in seinen Erinnerungen:
seine Erinnerungen gaben mir jemanden zurück,
dem ich heute aus dem Wege gehen würde.

Dein Bild von mir

Ein Bild haben von mir,
das heißt nicht,
Kontakt haben mit mir:
im Gegenteil.
Denn dieses Bild von mir,
das Du herumträgst mit Dir,
dieses Bild ist es ja gerade,
das zwischen uns stehend
jeden wirklichen Kontakt verhindert.

Alle die Bilder von mir in fremden Köpfen

Für die meisten Menschen
(ich büße es oft)
steht fest,
wer ich bin.
Für sie bin ich, nur noch,
ihre Bilder von mir.
Und sie können sich nicht mehr täuschen,
und sie denken, und sie sagen stolz,
ich könne sie nicht mehr täuschen,
ich nicht — und also
nie mehr enttäuschen,
auch in ihrer Enttäuschung nicht.
Und da täuschen sie sich.
Denn ich weiß, weiß,
daß ich ihre vielen Bilder von mir
nicht verwechseln darf mit mir,
um meinet willen nicht,
um ihret willen nicht.
(Wer sich nicht selbst enttäuschen will,
muß oft den Mut haben,
andere zu enttäuschen.)
Ja, diese vielen Bilder von mir,
da hängen sie nun, gut gesichert,
in den vielen Köpfen,
so gut gesichert
in den Museen ihrer Köpfe
gegen Diebstahl
durch neue Erfahrungen mit mir.

Glaube nicht den Bildern von Dir

Glaube nicht den Bildern von Dir,
die in den Köpfen der anderen verstauben.
Die anderen gehen davon aus,
daß Du in ihren Vorurteilen stattfindest,
die sie für ihre Gedanken halten.
Du hängst in ihren Köpfen als Bild,
das sie sich einmal gemacht haben
und an das sie sich gewöhnt haben
und das sie von allen Seiten betrachten können.
Und daß Du anders sein könntest,
als sie sich das vorstellen können,
das können sie sich nicht vorstellen.
Ihnen reicht ihr Bild von Dir.
Und es war mühsam genug,
ungeübte Bildermacher, die sie sind,
sich eines zu machen.
Und jetzt darf nichts mehr geändert werden
an diesem Strichmännchenbild,
dieser ungewollten Karikatur.
Aber dieses Bild ist ihr Eigentum,
das sie, wie alles Eigentum,
wütend verteidigen
gegen jede neue Erfahrung.

Menschenopfer für Bilder

Da opfern die Menschen ihr Leben,
opfern ihr einziges Leben für ein Bild,
um ein Bild desjenigen zu verwirklichen,
der sie sein sollen
oder sein wollen
oder sein wollen sollen
oder sein sollen wollen:
und also
opfern sie ihr eigenes Leben für ein Bild.
Anstatt sich selbst zu verwirklichen,
opfern sie dieses einzige Leben
für nichts,
für nichts als ein Bild.

Die Augen der anderen
(Beispiel B. Th.)

Immer die Augen der anderen,
die Dich beobachten, Dich bewachen,
die schätzen, abschätzen Tag und Nacht.
Und vor lauter Augen der anderen
hast Du Dich aus Deinen Augen verloren.
Und statt zu sehen,
fühlst Du Dich angesehen.
Seit ich Dich kenne,
sehe ich,
wie Du Dich mit ihren Augen siehst,
sogar mich mit ihren Augen siehst,
den Augen der anderen,
den vielen fremden Augen,
Augen, die Dich lähmen,
weil Du ihr Urteil fürchtest.
Und weil Du ihr Urteil fürchtest,
fürchtest Du ihre Augen,
die immer und überall da sind,
und die Du immer zuerst fragst,
so daß Du blind geworden bist,
Dich schon lange nicht mehr siehst,
mich schon lange nicht mehr siehst,
das Leben nicht mehr siehst und
Deine wahren Wünsche vergessen hast.

DER, DER DU AUCH BIST

Der stabilste Traum

Niemals noch
sah ein Mensch wirklich
ganz den anderen,
noch niemals.
Denn immer nur
träumt der eine
den anderen.
Und beide gemeinsam
träumen ein Wir.
Und was heißt das?
Du,
Du, die ich vielleicht nie wirklich sah,
immer nur träumte,
auch jetzt vielleicht träume,
jetzt, während ich Dich ansehe,
mit offenen Augen ansehe, jetzt.
Weil ich also ein Träumer bin,
sei Du, bleib Du
mein lebenslanger Traum.

Mehr als alle Bilder von Dir

Ja, zuerst liebte ich das Bild,
mein Bild, das ich von Dir hatte
(und hinter dem ich Dich manchmal erkannte).
Und langsam lernte ich Dich lieben
UND mein Bild von Dir.
(Und vielleicht liebtest Du Dich,
eine Zeitlang,
als das Bild,
das ich von Dir hatte?)
Jetzt aber, liebe ich Dich,
liebe Dich mehr,
mehr als alle die Bilder,
die ich von Dir hatte,
die Du von Dir hattest,
die andere von Dir haben.
Ich mache mir kein Bild mehr.

WIR

I

Ich bin.
Du bist.
Wir sind.

II

Ich bin ich.
Du bist Du.
Wir sind wir.

III

Bist Du Du?
Bin ich ich?
Sind wir wir?

IV

Ich bin der, der ...
Du bist die, die ...
Wir beide sind diejenigen, die ...

V

Bin ich der, der ...?
Bist Du die, die ...?
Sind wir beide diejenigen, die ...?

VI

Ich bin, der ich bin.
Du bist, die Du bist.
Und wir beide sind diejenigen,
die wir nun mal sind.

VII

Aber, warst Du immer die,
die Du hättest sein können?
Und wer wärst Du geworden,
ohne mich?
Und wer wäre ich geworden,
ohne Dich?
Unvorstellbar.

VIII

Das Leben ist wie Erde.
Werde in dieser Erde,
der werde,
der Du bist.

IX

Nein, ich war nicht immer der,
der ich doch hätte sein können.
Und ich weiß nicht einmal genau,
ob ich jetzt der bin, jetzt.
Doch daß Du mich liebst,
jetzt, trotzdem liebst,
wird mir helfen,
der zu werden,
der einmal wissen wird,
daß er der war,
der er werden mußte.

Niemand weiß Dich so wie ich

Keiner wird sich Deiner
so wissend erinnern,
wie ich mich Deiner erinnere.
Und niemand weiß Dich so lebendig,
so ganz von allem Anfang her,
wie ich Dich weiß.
Und es wird immer schwerer,
an Dich zu denken,
weil Du in allem bist,
was war, was ist,
weil Du mein Leben bist.

So ist die Liebe

I

So also ist die Liebe.
Aber ist die Liebe also so,
wie wenn einer sagt:
„So ist die Liebe, so."
Ich meine,
meinst Du nicht auch?",
niemand kann sagen:
„So ist die Liebe,
so und nicht anders"
oder „So ist die Liebe nicht".
Jeder von uns kann nur sagen:
„So ist unsere Liebe."
Und niemand soll sagen,
wie unsere Liebe zu sein hat.
DENN er hat nicht unsere Liebe.

II

Und niemand kann sagen:
„So ist das Leben,
das Leben ist so,
so und nicht anders."
Jeder kann nur sagen:
„So ist nun mal mein Leben,
so und nicht anders."

III

So ist mein Leben.
Mein Leben ist so.
Und ich erkenne mich in meinem Leben wieder.
Und was mich glücklicher macht,
ich erkenne Dich in meinem Leben wieder.
Mein Leben wäre anders geworden,
ohne Dich.
Und daß Du bist in meinem Leben,
das ist mein Glück. Und
möchte es auch Deines sein.

Hast Du Deinen Platz gefunden?
(B. Th.)

Kindern gleich
spielen wir,
was wir nicht sind
(Kohlenhändler, Teufel, Vater und Mutter,
Sonne und Mond, selten uns selbst).
Finden endlich unseren Platz
unterm Dach im Regen.
Nehmen ein Spiel ernst.
Leben, Segen, Widerstreben,
stehen, schauen, vertrauen,
begreifen, reifen,
suchen und finden,
erinnern und erzählen,
erwählen und lieben.
Sag Du es,
wer bin ich.
Und wie wirst Du mich rufen —
in Deiner letzten Stunde?
Und Deinem Glück? Und
wie träumen in Deinen Nächten von mir
an der Seite des anderen?
Und das Gespenst,
das ich in seinem Kopf bin,
dank Deiner Erzählergabe?

Das Leben leben

I

Das Leben leben.
Das Leben leben wie —
ja, wie denn?
Wie in Deinem Traum
von einem Leben.
Dieser Traum
hat aber nur einen Fehler:
daß er von einem Leben träumte,
das nicht Deines war.
(Wie kam der Traum in Deinen Kopf?)

II

Das Leben,
so lernen wir alle,
beginnt mit der Geburt
und endet,
lernen wir nicht! —
bald nach der Geburt.

III

Und das Leben der meisten ist Schein:
Geburtsschein,
Trauschein,
Totenschein.

IV

„Das Leben besteht aus Pflichten",
so sagen diejenigen,
die Dich verpflichten wollen,
ein funktionsfähiger Toter zu sein,
tot zu sein,
obwohl Du Deinen Geburtsschein
zu Hause irgendwo liegen hast.

Was mich betrifft

I

Mag ja sein:
Du bist der gleiche Mensch geblieben,
während sich mein Bewußtsein von Dir,
mein Wissen von Dir
verändert haben.

II

Was Dich betrifft:
ich bin der gleiche geblieben
in meiner Beziehung zu Dir,
während sich Dein Bewußtsein von mir,
Dein Wissen von mir
verändert haben.

III

Was uns betrifft:
wir werden nicht die gleichen bleiben.
Und das ist ein Glück,
unser Glück,
DENN Du kannst Dich nicht ändern,
ohne daß ich mich ändere.
Und ich kann mich nicht ändern,
ohne daß Du Dich änderst.

IV

Diese Welt ist die gleiche geblieben,
während sich unser Bewußtsein von ihr,
unser Wissen von ihr
ständig verändern.

V

Also müssen wir die Welt verändern,
um mit unserem veränderten Bewußtsein,
unserem neuen Wissen
überleben zu können.

VI

Was mich betrifft:
ich verändere mich,
weil mein Bewußtsein von mir,
mein Wissen von mir
sich ständig verändern,
verändern, indem ich bewußter lebe
und alles,
was mir begegnet,
bewußter erlebe.

HEUTE WIRD GESTERN SEIN

Heute wird gestern sein

I

Heute wird gestern sein.
Und morgen wird heute sein.
Und in einer Stunde schon
wird heute
morgen sein und
gestern heißen
und Deine Vergangenheit sein, eine,
die Du vielleicht gar nicht gemeint hast.

II

Gestern heißt Vergangenheit.
Heute heißt Gegenwart.
Morgen heißt Zukunft.
Außerdem gibt es noch,
aber nur in der Sprache:
eine vollendete Gegenwart,
eine vollendete Vergangenheit
und sogar eine vollendete Zukunft
(was mich immer wieder sprachlos macht).
Hattest Du heute
wenigstens eine vollendete Gegenwart?
Und wenn nicht,
warum nicht?
Aber träum' auch nicht
von einer vollendeten Zukunft,
um die unvollendete Gegenwart auszugleichen.

III

Heute wird morgen
schon Erinnerung sein,
eine frische Erinnerung
und in einem Jahr
eine alte Erinnerung
und vielleicht sogar
vergessen sein von Dir.
Oder erinnerst Du Dich
an den 20. Januar vor einem Jahr,
vor fünf Jahren,
vor zehn Jahren?
(Du solltest es unbedingt versuchen!)
Unbedingt.

IV

Seine unerfüllten Wünsche
verbinden sich
mit seinen unerfüllten Drohungen und
seinen nicht eingetroffenen Erwartungen und
seinen unerfüllten Sehnsüchten
zu meines Vaters:
„schönen, alten Zeiten".

V

Alte Menschen
erzählen einem gerne
bei Kaffee und Kuchen
oder Bier und Würstchen
oder Wein und Gesang
von den guten, alten Zeiten.
Freud nannte diesen Vorgang
ERINNERUNGSUMWANDLUNGEN.
Wer keine vollendete Gegenwart
und eine höchst unvollendete Zukunft
vor sich hat,
will wenigstens
eine vollendete Vergangenheit
hinter sich gehabt haben,
wenigstens in den Worten.
(Ach, die guten, alten Zeiten,
die es so nie gegeben hat,
so gut nie: wie gut das tut,
sie wenigstens zu erzählen
den ungläubigen Zuhörern.)

VI

Der hat die besten Erinnerungen,
der das schlechteste Gedächtnis hat.

VII

Wie sagte Kafka:
„Der hat am besten für die Zukunft gesorgt,
der für die Gegenwart sorgt."

VIII

Erinnerung und Vergangenheit
sind niemals ein und dasselbe.
In der Erinnerung
hatten wir immer die Taube in der Hand
und den Spatz auf dem Dach.
In Wirklichkeit aber
saß nicht einmal
ein Spatz auf dem Dach,
wie denn auch
in der Wohnung im zweiten Stock.

IX

Ja, eine vollendete Zukunft.
Wer hätte sich diese
nicht auch schon im Leben gewünscht,
aber im Leben,
da gibt es nur die vollendeten,
verpaßten Gelegenheiten.
Vollendet sind nur die Träume,
die sich niemals erfüllen —
und die Zeitformen der Sprache.

Hast Du intime Erfahrung mit Dir?

I

Jeder Mensch
ist seine eigene Zukunft,
die schon Vergangenheit ist,
ehe sie noch begonnen hat,
WENN er das nicht begriffen hatte,
daß er seine Zukunft ist.

II

Da war der Wille
und da waren die Möglichkeiten
und da sind
die zu spät erworbenen Fähigkeiten,
zu sein,
der ich bin.

III

Und da sind die guten Erfahrungen
und da sind die schlechten Erfahrungen,
die ich immer wieder mache:
mit mir,
mit Dir,
mit den anderen.
Und es waren mehr gute als schlechte,
alles was recht ist.
Und die schlechtesten Erfahrungen
machte ich mit denen,
die es gut mit mir meinten,
mit denen die schlechtesten.

IV

Und wenn heute einer zu mir sagt:
ich meine es gut mit dir!,
dann meine ich es nicht,
nicht mehr,
besonders dann nicht,
wenn er es
„nur" gut mit mir meint.

Wunden der Erinnerung

Stunden,
aufgerissen
wie Wunden.
Auferstandene Hoffnungen,
endgültig umgebracht.
Menschen, die ich kannte,
fallen tödlich getroffen vornüber —
Schrecken im Gesicht,
keine Erlösung.
Meine Vergangenheit
ist wie ein Tonfilm,
der Tag und Nacht spielt.
Was mein Leben so schwer macht,
ich weiß es gut:
ich behalte zu gut.

War es so?

Erinnerungen daran,
wie alles begann:
ach ja, so war es.
Aber, war es denn wirklich so?
Führt nicht jede Gegenwart
ihre neue Ordnung ein?
Ein tiefer Sinn war
und eine ständige Entwicklung
und eine geheime Vernunft war
in all diesen Unmöglichkeiten,
damals und von damals,
als es begann,
damit es begann.
(Was mußte nicht alles geschehen,
damit wir uns kennenlernen durften.)
Jede Gegenwart stellt ihren Sinn her
und langsames Verständnis
und gegenseitige Bedeutungen.
Die nie aufgegebene Hoffnung in mir,
einmal alles zu begreifen.

Fleisch der Zeit

I

Erste Vergangenheit:
ich war glücklich.
Zweite Vergangenheit:
ich bin glücklich gewesen.
Dritte Vergangenheit:
ich war glücklich gewesen,
so glücklich,
wie ich heute gar nicht mehr sein kann:
so glücklich war ich gewesen.
Vierte Vergangenheit:
ich war so glücklich gewesen, einmal,
so als wäre ich im Paradies gewesen,
schon hier auf Erden.
Und so glücklich
möchte ich gar nicht mehr werden.
Fünfte Vergangenheit:
die fünfte Vergangenheit,
die ist uns sehr vergangen,
man hat in ihr, heil Hitler,
die Zukunft vieler aufgehangen
und die Gegenwart gefangen
wie einen tollwütigen Hund.

II

Vergangen.
Vergangener?
Vergessen.
Total vergessen?
Verdrängt.
Verleugnet.
Verraten.
Verloren.
Durch keine Erinnerung mehr
zurückzuleben,
zurückzudenken.

III

Der Mensch hat so vieles erfunden,
auch das Geld, das Schießpulver, die Lüge,
die Ausbeutung, den Mord, die Wahrheit,
und sogar Götter und die Ewigkeit.

IV

Vor allem aber,
der Mensch hat die Vergangenheit erfunden.
Und warum hat er die Vergangenheit erfunden?
Weil der Mensch ohne Vergangenheit
erst recht nicht leben kann.
Der Mensch braucht seine Vergangenheit,
braucht sie für seine Gegenwart,
für seine Zukunft.
Wenn es die Vergangenheit nicht gäbe?
Was es dann alles nicht gäbe!

V

Wie genau die Vergangenheit
in der Sprache geschieht, in der Zeit,
in den verschiedenen Zeitformen:
die Formen der Zeit,
hin, bis in alle Ewigkeit.
Jede Form von der anderen
grammatikalisch säuberlich geschieden.

VI

ABER wie steht es mit der Vergangenheit
im täglichen Leben?
Und das ist es ja eben
das tägliche Leben,
das, was wir leben.
Heute wird morgen
Vergangenheit sein,
vergangen, vergessen,
wenn Du zwanzig bist. Aber,
wenn du vierzig bist,
ist, was vor zwanzig Jahren war,
plötzlich, als wäre es gestern gewesen.
Und wenn Du achtzig sein wirst,
wirst Du kaum noch unterscheiden können,
ob gestern abend
wirklich gestern abend war oder
oder ein Abend vor vierzig Jahren oder
doch gestern abend?

Wie gegenwärtig ist Dir die Gegenwart?

I

In der Gegenwart gesprochen
ist diese Sekunde jetzt
jetzt, DIE Gegenwart.
Die Gegenwart ist also jetzt.
Und — jetzt.
Und in der nächsten Sekunde
löst diese Sekunde sich
(wie ein Löffel Zucker im Tee)
in Vergangenheit auf,
ohne jenes intensive Gefühl
von Lebendigsein zu hinterlassen,
das heimliche Erinnerungen haben
und unvernünftige Hoffnungen.

II

Sag: jetzt.
Fühl: jetzt.
Und fühlst Du,
wie überfüllt dieses Jetzt ist
von Vergangenheit und Zukunft,
von Hoffnung und Angst
randvoll ist?

III

Die Gegenwart,
sie findet nie statt,
außer in unseren beschwörenden Versuchen,
sie doch zu entdecken.
Aber die Gegenwart,
sie ist faßbar nur gegenwärtig
in der Grammatik
und fühlbar nur in der todesbitteren Entdeckung,
daß Du sie nie entdecktest,
so verzweifelt Du sie auch suchtest,
außerhalb der Grammatik.

Diese Zukunft wird nie sein

Nein,
diese Zukunft wird nie sein.
Was sein wird,
das wird immer mehr sein
oder weniger sein,
als Du Dir vorgestellt hast.

Selbst die Vergangenheit war nicht so

Nein,
die Vergangenheit
war nicht so,
so nicht.
Was war,
das war nie genau das,
was hätte sein können.
DENN
die Erinnerung
verändert sich durch das,
was ist,
und verändert sich durch das,
was noch nicht ist.

Wann ist der Mensch am lebendigsten?

Wahrscheinlich gerade dann nicht,
wenn er meint, es zu sein.
Und gewiß dann nicht,
wenn er meint,
es sein zu müssen.
Du willst glücklich sein,
aber das Gefühl von Glück bleibt aus.
Du willst glücklich sein,
daher bist Du es nicht.
Du willst lebendig sein,
daher bist Du es nicht.
Du strengst Dich an, gut zu sein,
daher bist Du es nicht.
Je weniger Du etwas sein willst,
desto mehr wirst Du es sein.
Wann also ist der Mensch am lebendigsten?
In seinen frohen Erinnerungen,
in seinen Hoffnungen,
die andere mit einschließen.

Wenn Wünsche Wirklichkeit werden

I

Für einen großen Wunsch
ist die endliche Erfüllung
selten groß genug.
Mitunter ist sie
ein Unglück,
diese endliche Erfüllung
der unendlichen Sehnsucht.

II

Für eine große Sehnsucht
ist die Wirklichkeit
selten groß genug.

III

Die alte, uralte Frage:
ist sie das jetzt, sie,
die lange ersehnte,
die lange versprochene Zukunft?

Friedhof der Wünsche

I

Ja, die faulenden Tümpel
unerfüllter Wünsche,
in denen die Frösche
der Sehnsucht quaken
und Dich mit ihren Goldaugen ansehen.

II

Ja, diese versandeten,
zur unfruchtbaren Wüste gewordenen,
einst so fruchtbaren Landstriche
ungelebten Lebens,
in denen die Krähen
hungriger Wünsche krächzen und
ruhelos kreisen und kreisen und
tot zuletzt
in diese Wüste fallen.

Ist jetzt jetzt für Dich?

I

Erwarte nichts von morgen,
erwarte es heute
und heute alles,
denn heute ist Dein Leben:
heute,
hier,
jetzt.

II

Das Leben ist nicht
ab und zu,
dann und wann,
hin und wieder,
morgen oder übermorgen
und schon gar nicht
in dreißig Jahren,
wenn Dir die Lebensversicherung ausgezahlt wird.
Dies alles sind Lügen,
um den Tod lebbar,
die Sinnlosigkeit sinnvoll zu machen.

III

DENN die Wahrheit
die lebendige, lustvolle Wahrheit ist:
daß jetzt —
jetzt ist.
Ist jetzt jetzt
für Dich?

IV

Ersetze die Lebenslüge Zukunft
durch die Wahrheit vom Jetzt.
Stell Dich mit beiden Füßen
fest in Dein Jetzt.
Das Jetzt,
dies einzige Paradies,
das Du hast,
mach' es nicht zur Hölle
mit Sorgen um Morgen.

**PASS AUF,
DASS DU NICHT AUCH,
WENN DU EINMAL STIRBST,
GLEICH ZWEIMAL TOT BIST.**

Entwürfe für Grabsteintexte

I

Wenn ich einmal tot bin,
dann bin ich zweimal tot.
Hab' nie gelebt,
wie ich eigentlich leben wollte.
Hab' immer nur gelebt,
hab' immer nur getan, gestrebt,
was ich habe tun sollen
und ganz selten
was ich eigentlich tun wollte.
Jetzt bin ich tot.
Und nun?

II

Wenn Du einmal so tot bist wie ich,
dann wirst Du dort sein, wo ich jetzt bin.
Aber der leise Geruch von Schwefel
kommt aus einer Heilquelle.
Bist Du sicher,
daß Du nicht auch tot bist?
Willst Du von Dir lügen,
daß Du so lebendig bist,
wie Du doch sein könntest?

III

Kein Paradies,
keine Hölle,
kein Himmelstor
mit den wartenden Toten
von gestern davor,
geöffnet von neun bis zwölf
und von fünfzehn bis achtzehn Uhr.
Der günstigste Ankunftstag ist Montag.

IV

Ich wollte keinen Grabstein.
Grabsteine lügen.
Verlogen wie ein Grabstein!
Darum: mein Grabstein
soll Dein Herz sein,
Dein Denken soll sein
mein Grabstein.

V

Diese Welt zu verlassen,
das ist große Not
und das Bitterste am Tod.
Und wie oft waren wir tot
im Leben, ohne Not,
in geregelter Arbeitszeit,
geregelt, maßgeregelt tot.

VI

Und — kein Mensch lebt zweimal,
auch Du nicht.
Und — viele leben nicht mal einmal,
auch Du solltest daran denken.

VII

Dich nicht mehr zu sehen,
das war mein gefürchteter Tod.
Für immer von Dir zu gehen,
das ist der Tod.
Und dieses Wissen darum,
das war meine Not.

Ohne es zu wissen

Ohne es zu wissen,
gehen wir auf den Tod zu.
Ohne es zu wissen,
leben wir im Paradies.
Ohne es zu wissen,
sind wir glücklich.
Ohne es zu wissen,
sind wir reich.
Ohne es zu wissen,
sind wir arm,
arm gerade dann,
wenn wir glaubten,
reich zu sein
und am Ziel.
Ohne es zu wissen,
waren wir frei.
Ohne es zu wissen,
verloren wir die Freiheit.

Eine Stunde wird meine letzte sein

Ich weiß,
die Stunde wird kommen,
die meine letzte sein wird.
Und ich werde es nicht wissen,
daß es meine letzte Stunde ist.
Und Du wirst es nicht wissen,
daß es meine letzte Stunde ist.
Sollten wir nicht darum versuchen,
jede Stunde,
die uns ist gegeben,
so zu leben,
als ob es die letzte wär'?

Der Tod ist mehr

Tod.
Der Tod.
Der Tod ist.
Der Tod ist mehr.
Der Tod ist mehr als.
Der Tod ist mehr als:
das Einschlafen am Abend,
mehr als die ewige Ruhe,
mehr als dies „Ruhe sanft".
Die Botschaft des Lebens ist der Tod,
die von den meisten unbegriffene Botschaft.

Und ein Tag wird der letzte sein

I

Trotz der stählernen Neuheit dieser Welt,
trotz der vielen gelösten Rätsel,
geblieben ist uns das älteste Lebensrätsel,
das schon alt war im Mittelalter,
alt war in der Steinzeit.

II

Alt war und Not.
Denn alt ist der Tod,
uralt wie das Leben,
mit dem Leben gegeben,
und von uns genommen
mit ihm.

III

Auch wir werden nicht,
so wie niemand auf Erden,
den Tod töten,
Du nicht
und ich nicht.
Niemand.
Aber wir können
jeden Tag auferstehen
zu einem neuen Leben.
Denn jeder,
jeder, der sich entwickelt,
der ist viele Tode gestorben:
hat viele Leben gelebt.

IV

Und ein Tag wird der letzte sein.
Begreif das endlich, jetzt,
in der Fülle unseres Lebens,
dem lebensvollen Glück dieser Stunde.
Es gilt nicht,
den Tod zu überlisten.
Alle Menschen leben
dem Tode entgegen.
Es gilt,
den Tod zu begreifen
als die ernsteste Mahnung des Lebens.
Das ewige Leben ist jetzt,
weil auch der ewige Tod jetzt ist.

Meinst Du es ehrlich mit Deinem Tod?

Besiegen kannst Du den Tod nicht.
Belügen kannst Du den Tod nicht.
Betrügen kannst Du den Tod nicht.
Wegzaubern kannst Du den Tod nicht.
Wegphilosophieren kannst Du den Tod nicht.
Wegoperieren kannst Du den Tod nicht.
Aber Du kannst lernen,
zu leben mit Deinem Tod
wie mit einem Freund,
der es ehrlich meint mit Dir,
wenn Du es
ehrlich meinst mit ihm.

Guten Morgen, Tod

Den Tod betrügen
mit dem ewigen Leben —
das wäre doch was.
Ein großes Fest feiern
mit dem Motto:
der Tod ist tot —
das wäre doch ein Fest.
Ein Geheimpolizist hat,
bei starkem Tatverdacht,
den Tod umgebracht,
einfach erschossen,
auf der Flucht erschosssen —
das wäre doch ein Polizist.
Ich sage lächelnd
jeden Morgen:
Guten Morgen, Tod.
Und versuche, den ganzen Tag,
ihn nicht zu vergessen.
Und Du,
hast Du vielleicht einen anderen Vorschlag,
lebendig zu leben?

Den Blick des Abschieds lernen

Den Blick zu lernen gilt es,
den sammelnden Blick des Abschieds,
um endlich auch das zu sehen,
was Du bisher verächtlich übersehen hast.
Die Welt ist im Kleinsten
und im Größten unendlich.

Wer ist denn frei?

Nicht die sind frei,
die alle Worte der Freiheit wissen.
Frei wirst Du nicht,
indem Du die neunundneunzig Definitionen
der Freiheit auswendig lernst.
Aber, an dem Tag wirst Du frei sein,
an dem Du frei bist von allen Zwecken
und frei von aller Hinterlist
und frei von allen Wünschen
und frei von allem Haß
und frei von allen Vergleichen
und frei von allen Bildern
und frei von allen Werten
und frei von allem Wissen darüber,
wie etwas sein sollte,
wie etwas nicht sein sollte,
und frei von allen Sätzen wie:
der Mensch ist frei, wenn ...
(Schlag doch mal im Lexikon nach.)

**MEIDE WISSEN,
DAS DEM STAUNEN
IM WEGE STEHT.**

Traue niemandem als Dir selbst

I

Traue niemandem,
der einen Weisen braucht,
um zu wissen,
was Leben ist
und Ewigkeit
und Freiheit
und Glück
und Gnade.
Traue niemandem,
der Denker und Dichter zitiert
und diese Zitate Dir
als seine Antworten geben will.

II

Vor allem traue niemandem
als Dir selbst,
wenn es um Dich selbst geht.
Willst Du wissen,
wer Du bist,
frage niemanden:
Wer bin ich?
Und verlaß die Propheten.
Und verlaß ihre Jünger.
Sei Du Prophet und Jünger,
Schüler und Meister
in einem.

III

Steig hinunter.
Fühl hinunter.
Laß Dich fallen in die Geheimnisse,
die Du bist.
Lern von Deinen Gefühlen,
die keine Worte kennen.
Und pilgere nicht nach Rom,
nicht nach Mekka,
nicht nach Benares.
Pilgere den einzigen Weg der Freiheit,
den Weg zu Dir selbst.
So wirst Du zu dem neuen Wissen kommen
und zu dem neuen Blick,
der aus dem ruhigen Wissen
um Dich selbst kommt.

Wissen ist nicht gleich Wissen

I

Wenn zwei dasselbe wissen,
dann wissen sie doch nicht dasselbe.

II

Von den wichtigen Dingen
wissen wir alle,
wußten wir alle,
ohne je genau zu wissen,
daß wir von ihnen wußten,
bis wir eines Tages begreifen,
daß wir sie wußten,
immer schon,
ganz tief in uns.

III

Eine Liebesgeschichte gelesen zu haben,
vermittelt ein ganz anderes Wissen,
als eine Liebesgeschichte zu sein.
(Wer selbst nie eine Liebesgeschichte war,
dem nützen alle Liebesgeschichten der Welt nichts.)

IV

Scheinwissen,
das die Zeitungen vermitteln:
gierig lesen heute die Leute,
denen gestern wieder nichts passierte,
in ihren Zeitungen,
was gestern wieder
so anderen Leuten passiert ist
(so wie es in der Zeitung steht,
bestimmt nicht).
Und der Kaffee schmeckt dabei noch mal so gut.
Ei, das ist recht,
alles, was schlecht ist,
es geht uns doch gar nicht so schlecht.
Sieh doch mal hier,
wie es den anderen geht.
Was willst Du denn noch!
Du hast alles.
Du hast sogar mich.
Und draußen Mord und Totschlag und Not.
Und bei uns zum Frühstück
frische Brötchen, Honig und Schinkenbrot.
Gott ist nicht rot.
Gott ist nicht tot.

V

Da kenne ich einen Zoologen,
der weiß alles über Seehunde,
alles, was ein Mensch über Seehunde wissen kann
und noch etwas mehr,
denn sie sind seine Lebensarbeit.
Er weiß so viel über Seehunde,
daß seine Frau,
weil sie keine Seehündin ist,
sich mutlos hat von ihm scheiden lassen.
Er verstand sie nicht.
Er konnte nicht mit ihr sprechen,
sie nicht mit ihm,
weil sie nicht seehündeln konnte.
Und wußten Sie,
daß schon jede Schwanzstellung eines gewöhnlichen
                                                                        Hundes
eine ganz bestimmte Bedeutung hat,
eine ganz bestimmte Stimmungslage ausdrückt?
Und es gibt dreiundzwanzig Schwanzstellungen.
Kennen Sie Ihren Hund?
Was wissen Sie von ihm?

VI

Wie wir alle wissen,
die wir mit den Griechen beschäftigt wurden,
wußte der große Steinmetz und Hobbyphilosoph
Sokrates so viel,
daß er manchmal seufzend
zu seinem Philosophieschüler Plato sagte
(er hatte auch Steinmetzschüler!):
„Ach, Du kleiner Schlaukopf, Plato,
ich weiß, daß ich nichts weiß."
Und Plato, der ganz sicher wußte,
daß er viel weniger als Sokrates wußte —
so viel wußte er schon —,
der überdies noch nie einem Menschen begegnet war,
der so viel wie Sokrates wußte,
wurde vom Blitz der Erkenntnis getroffen,
daß einer sehr viel wissen muß,
um würdigen zu können,
wenn ein Weiser sagt:
„Ich weiß, daß ich nichts weiß."
(Wußtest Du,
daß Sokrates keine Zeile geschrieben hat!
Jetzt weißt Du es.)

VII

Wer weiß,
daß er wenig weiß,
der weiß ja viel mehr,
als er weiß.

VIII

Um Dich zu verstehen,
muß ich mich verstehen.
Um mich zu verstehen,
muß ich mich von Dir verstanden wissen.
Um von Dir verstanden zu werden,
muß ich Dich verstehen.
Verstehst Du mich?
Verstehst Du Dich?
Ich glaube, wir verstehen uns — oder?

Aus der Begeisterung nicht herauskommen

I

Was Du wagen kannst,
Dir zuzugeben
oder nicht zuzugeben
Dir selbst gegenüber
und anderen gegenüber,
solange Du das nicht weißt,
weißt Du nichts von Dir.

II

Sobald Du Dich
näher kennenlernen wirst,
wirst Du aus dem Staunen nicht herauskommen,
aus dem Staunen darüber,
was doch alles gleichzeitig, rechtzeitig
in einem Menschen
vorkommen kann,
verkommen kann.

III

Um herauszubekommen,
wer Du bist,
mußt Du begeistert sein,
vor allem begeistert sein.
Worüber?
Das ist nicht so wichtig.
Allein die Fähigkeit der Begeisterung
begeistert,
hat schon viele begeistert.

**Die gefährlich guten Gelegenheiten,
einem schlechten Menschen zu begegnen**

I

Jede Situation ist eine Gelegenheit.
Denn jede Situation ist eine Lernsituation,
eine Möglichkeit, Dich kennenzulernen.
Jede Situation ist eine gute Gelegenheit,
einem schlechten Menschen zu begegnen — Dir
                                                  selbst,
oft entgegen Deinen eigenen Erwartungen:
verwundert, erstaunt, betroffen.

II

Jedenfalls hatte ich gute Gelegenheiten genug,
mich manchmal zu wundern über mich.
Diesen Gelegenheiten verdanke ich die Überzeugung,
daß von einer konkreten Situation losgelöst
es keine Identität gibt.

III

UND die beste Voraussetzung,
ein guter Mensch zu sein,
ein guter Mensch zu bleiben,
sind die guten Zeiten
und die guten Gelegenheiten.
Denn wer wüßte von sich zu sagen,
mit Gewißheit von sich zu sagen,
wer er sein würde
in Hunger, in Not und Verzweiflung.
Ich nicht — mehr.
Erst am Ende des Weges, erst
hinter der letzten Kreuzung, dort erst
wirst Du Dir begegnen
gültig:
end-gültig.

Der rettende Weg

Der rettende Weg,
das ist der Weg zu Dir selbst.
Er führt nach innen,
tief in Dich hinein,
hinein bis in die Mitte Deiner Ängste,
bis dorthin, wo nichts mehr ist
als der kaum angefangene Versuch,
geboren zu werden,
Du selbst zu sein.
In Dich hinein mußt Du gehen,
denn draußen haben sie Dich Dir entfemdet,
indem sie Dir eine Sprache beibrachten,
in der kein Satz Dich selbst meint.
Und sie dressierten Dich,
das Sinnlose als sinnvoll zu begreifen
und den Wahnsinn ihrer Normalität
als ganz natürlich hinzunehmen.
Planmäßig richteten sie Dich zugrunde
und betrogen Dich um Dein Recht,
Dich mit Deinen Gedanken zu denken,
Dich mit Deinen Gefühlen zu fühlen,
Dir Deine Wünsche zu erfüllen,
Deine Hoffnungen zu hoffen.

Wer denkst Du, bist Du?

I

Nicht das bist Du,
was Du denkst,
daß Du bist.

II

Du bist auch nicht das,
was die anderen denken,
daß Du bist.

III

Und Du bist auch nicht das,
was Du denkst,
daß die anderen denken,
daß Du bist.

IV

Sondern,
was Du denkst:
das bist Du.

Willst Du Dich kennenlernen?

I

Willst Du Dich kennenlernen,
dann entspann Dich, ganz tief.
Und schließ Deine Augen.
Und horch in Deinen Körper hinein,
ganz tief.
Und warte,
warte, bis Du Dich fühlst,
statt mit anderen davon zu reden,
was andere fühlen.
(Du kannst immer nur ihre Tränen sehen,
nicht aber ihren Schmerz fühlen.)

II

Statt davon zu reden,
wie traurig Du bist
und wie einsam Du Dich fühlst
und wie unverstanden,
statt zu reden davon,
solltest Du lieber weinen
oder lachen
oder schreien
oder onanieren.

III

Das Geheimnis:
durch Tun lernen.
Rede nicht von Gefühlen,
gib Dich ihnen hin.

IV

Gib Dich Deinen Gefühlen hin
und vertrau jener aufsteigenden Fröhlichkeit,
die Du in warmen Wellen
durch Deinen ganzen Körper strömen fühlst.
Aber vertrau auch jener dunklen Angst,
die Du durch Deinen ganzen Körper strömen fühlst.
Vertrau Deinen eiskalten Händen.
Vertrau Deinem Herzklopfen.
Vertrau Deinen Kopfschmerzen.
Vertrau Deiner schweren Verzweiflung.
Erlebe sie nicht gleich als Krankheit,
die Du so schnell wie möglich
loswerden müßtest.

V

Fühl Dich.
Fühl Deinen Körper.
Vertrau der Sprache Deines Körpers.
Vertrau der Weisheit Deines Körpers.
Dann wirst Du wirklich sein, und
der Schmerz wird Dein Schmerz,
die Freude wird Deine Freude sein.

VI

Fühl Dich,
bis Du wirklich wirst,
bis Du wirklich bist.
Dann — und nur dann
wird alles,
alles, was Du tust,
wirklich sein.

Vom Wollen, Sollen und Habenwollen

Lerne beim Gehen,
lange stille zu stehen.
Nur dann wirst Du sehr weit gehen
und sehr viel sehen.
Lerne beim Gehen,
lange stille zu stehen
und Dich zu besinnen.
Dann wirst Du das Geheimnis begreifen
vom Wollen und Sollen und Habenwollen.
Du sollst nichts wollensollen,
nichts habenwollen,
wonach Du Dich nicht wirklich sehnst,
was Du nicht wirklich brauchst.
Je mehr Du haben willst,
haben sollst,
desto mehr Angst wirst Du haben müssen,
es nicht zu bekommen.

Mute Dich Dir zu

I

Such Dich zu erkennen.
Schau Dich genau an.
Denk Dich genau an.
Fühl Dich.
Erkennst Du Dich selbst?
Denkst Du Dich mit Deinen Gedanken?
Bist Du in Deinen Gedanken?
Fühlst Du Dich mit Deinen Gefühlen?
Bist Du in Deinen Gefühlen?
Und siehst Du Dich an
mit Deinen Augen?
Mit Deinen Augen
und nicht etwa den Augen
der anderen?

II

Nimm Dich auf Dich.
Du mußt Dich auf Dich nehmen,
Dir bleibt keine andere Wahl,
wenn Du Du werden willst.
Denn auch Dich
gibt es nur einmal
und wird es nur einmal gegeben haben,
ein einziges Mal.
Vergeude diese Möglichkeit nicht.
Vergeude Dich nicht.

III

Ich nehme mich auf mich.
Ich mute mich mir zu,
damit ich auferstehen kann
aus meinen Fehlern
und aus meinen Gefühlen
und von mir lernen kann
in meiner Sprache,
mit meinen Gedanken
und mich schämen kann
und gut sein kann
und mich denen streitig machen kann,
die mich zu ihren Komplizen machen wollten
vor ihren Mördergruben.

**Die Zehn Gebote definieren Dich als einen,
dem nicht zu trauen ist.**

I

Falls sie Dir noch einfallen,
dann geh sie noch einmal durch in Gedanken,
die Zehn Gebote:
Du sollst nicht ...
Du sollst nicht ...
Du sollst nicht ...
Und immer so weiter: Du sollst nicht ...
Was Du alles nicht sollst!
Merkst Du es,
die Zehn Gebote definieren Dich als einen,
der dies alles will.

II

Willst Du töten?
Willst Du falsch Zeugnis reden?
Willst Du stehlen?
Willst Du ... undsoweiter.

III

Die Zehn Gebote definieren Dich als einen,
der dies alles will.
Du solltest diese Definition nicht annehmen,
aber Du solltest daran denken,
daß niemand in dieser Welt vorwärtskommt,
der sie nicht alle gebrochen hätte
und noch einige mehr.

IV

Warum muß in dieser Welt ein Christ
alle Gebote brechen,
um erfolgreich zu sein?
Erinnere Dich,
Du sollst nicht töten, zum Beispiel.
Du wolltest nicht töten, zum Beispiel,
mußtest aber töten,
um selbst nicht getötet zu werden von jenen,
die Dich diese Gebote lehrten.
„Not geht vor Gebot!" brüllten sie.
„Befehl ist Befehl!" befahlen sie.
„Schlag die bösen Feinde tot!" hetzten sie.
Wie lautet das fünfte Gebot?

Du sollst töten

Nichts kann sein
ein Hund und
gleichzeitig
nicht ein Hund.
Und nichts kann sein
ein Mord und
gleichzeitig
nicht ein Mord.
Und nichts kann sein
eine Wahrheit und
gleichzeitig
eine Lüge.
Nur das fünfte Gebot kann sein
das fünfte Gebot und
gleichzeitig
Du sollst töten.
Denn so lautet das fünfte Gebot
seit dreitausend Jahren
in allen Kriegszeiten.

Gedanken sind Kräfte

Was die Welt schließlich verändert,
das sind die Gedanken,
die sich verändern
und die alle Menschen verändern,
die diese veränderten Gedanken denken.
Denn Gedanken sind Kräfte,
die stärker sind, zuletzt,
als jede politische Kraft,
die die Würde des Menschen verhöhnt.
Unsere feste Burg ist
unser Glaube
an die Kraft der Schutzlosen
und an die Macht endlich
der ohnmächtigen Mehrheit,
die unsere Gedanken denken wird.

Das Leben geht weiter

Ja, das Leben geht weiter,
weiter als mein Leben geht.
Und die Zeit geht weiter,
weiter als meine Lebenszeit.
Und je weiter die Zeit geht,
um so vielgestaltiger werde ich wachsen:
wachsen im Wald als Eiche oder Buche,
wachsen auf einer Sommerwiese als Glockenblume,
wachsen im Schilf am Seeufer,
wachsen als Gedanken in den Gehirnen jener,
die mich lesen werden.
Wachsen, vergehen und auferstehen
im ewigen Kreislauf
der Zeiten und der Leben.
Denn die Materie der menschlichen Ewigkeit
besteht zuletzt aus vergessenen Namen
in toten Sprachen,
die niemand mehr lesen kann.
Doch ein Baum ist ein Baum ist ein Baum.
Und eine Blume ist eine Blume ist eine Blume.
Und Menschen sind Menschen sind Menschen.
Dies bis in alle Ewigkeit
und jenseits aller Namen.

WORTE SIND VIEL MEHR

Von der schlimmsten Sprachlosigkeit

I

Es gibt nur eine Sprachlosigkeit,
die zutiefst schmerzt und einsam macht:
es ist die Sprachlosigkeit inmitten all der Worte.
Da sprichst Du mit einem Menschen
und fühlst, daß er Dich nicht versteht,
Dich nicht verstehen will
oder schlimmer noch,
Dich mißverstehen will.
Erschrocken begreifst Du,
wie wenig die Worte allein vermögen.
Du kannst zu einem Menschen, der Dich haßt,
reden wie ein Apostel der Liebe —
er wird Dich nicht verstehen.

II

Es ist wie mit dem Bild,
das ein anderer sich von Dir gemacht hat —
ohne Dich zu fragen.
Fremde haben die Bilder von mir,
die sie verdienen.
Und jeder versteht allein die Worte des anderen,
die er selbst gelebt hat
oder die er selbst fähig wäre zu leben.

III

Es gibt keine größere Sprachlosigkeit
als jene, die zwischen zwei Menschen ist,
die miteinander sprechen,
um recht zu behalten.

IV

Wenn Menschen Dich verstehen,
so ist es mehr Zufall,
daß Du es bist,
der die lebensverändernden Worte ihnen sagte,
für die sie reif waren,
gerade jetzt
und gerade hier.

V

Vielleicht haben die Worte
die befruchtende Funktion des Wassers.
Und die Menschen sind die Erde.
Und wenn die Stunde gesegnet ist,
wenn der Mensch reif geworden ist,
dann befruchten die Worte
die Samen in der Erde
zu einem neuen Leben.

VI

Die gleichen Worte
im Herbst eines Menschen gesprochen
bringen nichts mehr zum Blühen.
Sie halten den Winter nicht auf
und nicht den Tod.
Der Augenblick muß gesegnet sein.

VII

Die Rose sagt nicht:
Ich bin eine Rose.
Du bist es,
der sagt:
Du bist eine Rose.
Du bist es,
der mit der Rose spricht,
weil die Welt des Menschen
die Sprache ist.

VIII

Da ist die Sprachlosigkeit der Steine.
Da ist die Sprachlosigkeit der Bäume
und die Sprachlosigkeit der Blumen
und die der aufgehenden Sonne.
Und da ist die Sprachlosigkeit des Fleisches.

IX

Die Sprachlosigkeit eines Menschen tut weh.
Doch die Sprachlosigkeit der Dinge tut nicht weh,
sie tut eher wohl.
Du spürst eine Sprache,
die vor allen Worten war.
Du ahnst eine Verbundenheit
mit der Sprachlosigkeit der Tiere
und der Dinge.
Dein Stammhirn erinnert sich
an die Stunde Null,
in der wir Menschen,
nicht anders als sie,
die Tiere und Pflanzen heute,
sprachlos waren.

Sprechendes Schweigen

Wie viele Worte,
wie viele Worte
müssen zwei Menschen
einander verstehend gesagt haben,
damit ihr Schweigen sagen kann,
was ihre Worte nicht sagen können:
noch nicht,
nicht mehr.

Die Weisheit des Schweigens

I

Dies ist die Weisheit des Schweigens
die immerwährende,
die unbesiegbare
Weisheit des Schweigens.
Oft konnte ich erleben,
daß Menschen, die ich für Sieger hielt,
von ihren Worten,
ihren eigenen Worten
besiegt worden sind,
in ihrem eigenen Herzen,
in der Mitte ihres Lebens.

II

Gefangene unserer Worte.
Alle sind wir Gefangene unserer Worte.
Sonderbare Gefangene
in dem sonderbaren Gefängnis
unserer verwüstenden Worte,
von denen wir uns einbilden,
wir müssen sie sagen.

III

Worte sind schrecklicher als Taten.
Worte können wirklich töten.
Lern Deine Worte beherrschen.
Denk an das Unglück dessen,
der Dich fragend ansieht.
Sag Deine Worte nicht,
sag Deine Worte nicht mehr
in der gemeinen Absicht,
zu kränken, zu zerstören, zu höhnen.
Wir dürfen nicht kränken,
wir nicht,
die wir um die geheimnisvolle Kraft
der Worte wissen.

IV

Denn die Wunden,
die die Worte zufügen,
heilen nie mehr ganz.
Und jeder Mensch blutet aus vielen Wunden
jener Worte, Worte,
die trafen, Worte,
die verletzten, Worte,
die kränkten.
Die gezeichneten Gesichter all derer,
die insgeheim verbluten.

Worte sind mehr

I

Während ich schreibe,
verändert sich die Welt.
Die Worte stehen nicht für etwas,
so wie ich früher glaubte,
die Worte SIND.
Worte sind selber etwas.
Sie sind und schaffen ein Sein.
Sie verteidigen etwas,
etwas, was vorher nicht war,
etwas, was ohne sie nie geworden wäre.

II

Die Geschichte der Worte,
das ist die wahre Geschichte
vom Werden der Menschheit.
Jene gesegneten Sätze, jahrtausendealt,
die mich meinten,
die mich hellwach machten,
die mich zu mir selbst hin verwandelten.

III

Jedes Erlebnis,
es besteht nur
zu der einen Hälfte
aus dem Erlebnis.
Die andere Hälfte
besteht aus allen Worten,
die Du weißt.

Worte, die Dir einfallen

I

Worte wie Marmorblöcke,
zu Tempeln aufeinandergelegt,
die zum Beten führen,
zum Meditieren,
zum Staunen,
zum Du-selbst-sein.

II

Wenn Du einen Menschen beschreibst,
den Du kennst,
mit Deinen Worten,
die Dir einfallen für ihn.
Und plötzlich dieses Wunder
siehst Du ihn vor Dir stehen,
auferstehen aus den Sätzen,
lebendiger, als er es im Leben war.
(Und wenn Du ihn nachher siehst,
er ist durch diese Sätze ein anderer geworden.)

Zum Abschied?

Und haben wir uns denn alles gesagt,
alles, was zu sagen gewesen wäre?
Und haben wir denn alles getan,
alles, was wir hätten füreinander tun können?
Und haben wir uns denn alles gesagt,
alles, was wir fühlten?
Und — haben wir denn immer alles gefühlt,
was wir sagten?

Werner Sprenger
Schleichwege zum Ich
II
Meditationstexte zur Selbstfindung

ISBN 3-921778-42-5 222 Seiten

Ich will den Menschen Mut machen, die zu sein, die sie noch nicht zu sein wagen.
Aus meiner zwanzigjährigen Erfahrung mit Meditationen habe ich gelernt, was Meditation für mich ist. Was Meditation für andere Menschen ist oder werden könnte, kann jeder nur aus der unmittelbaren Erfahrung verstehen. Der Meditierende weiß bald, was Meditation ist, indem er meditiert. Und schon in der ersten Meditation lernt er viel mehr darüber, was Meditation ist, als durch jede theoretische Erklärung. (Wie die Liebe erklären? Wie den Geruch einer Rose erklären?)

BEISPIEL FÜR ICH-MEDITATIONEN
ICH habe lange Zeit geglaubt, daß ich von anderen lernen müsse, ich zu sein. *UND ich unterdrückte alles von mir, um so zu sein, wie die anderen mich lehrten, daß ich sein müsse, um von ihnen anerkannt, geachtet und geliebt zu werden. Jetzt fühle ich, daß ich ich bin und so wenig lernen muß, ganz ich zu werden, so wenig ein Sonnenblumenkern lernen muß, ganz eine Sonnenblume zu werden. Und ich glaube, daß jeder Mensch die angeborene Fähigkeit hat, genau der zu werden, der er ist.*

Werner Sprenger
Zu Oasen führen alle Wege durch die Wüste
Aphorismen

ISBN 3-921778-17-4 94 Seiten

Gelegenheit macht Diebe — aber auch Kinder und Leser. 20

Die meisten Wahrheiten sind traurige Wahrheiten. 58

Danach gibt es kein Davor mehr. 295

Es gibt kluge Sätze, die lassen dich verstehen,
was du zuvor nicht wußtest — du wußtest nicht einmal,
wie sehr du dieses Verstehen benötigtest. 10

Eingestandene Fehler sind lehrreicher als uneingestandene. 105

Aus allem läßt sich immer das Beste machen
und — das Schlechteste. 281

Auch Du kannst deine Zukunft nicht haben
ohne deine Vergangenheit. 304

Je mehr einer von sich selber hat,
desto weniger können andere ihm schaden oder nützen. 114

Manchmal bin ich das Gegenteil von mir selbst. 98

Wenn du am Ertrinken bist, dann ist es zu spät,
Schwimmunterricht zu nehmen. 47